RE…

CAMPAGN…

DES SIÉG…

SAINT-JE…

PAR UN OFFICIER D…

NOTA. Cet atlas est composé de plans, cartes et vues, tirés de l'atlas de l…
mais rectif…

J. CORRÉARD Jⁿᵉ, ÉDI…

ATION

E LA

E DE SYRIE,

ALEMENT

S DE JAFFA

T DE

AN-D'ACRE,

LERIE DE L'ARMÉE D'ORIENT.

Atlas.

e de l'expédition d'Égypte, publié en 1830, par M. DÉNAIN, rue des Saints-Pères, n° 26 ;
auteur de la relation.

RIS,

R D'OUVRAGES MILITAIRES,

OURNON, N° 20.

1839

RELATION
DE LA
CAMPAGNE DE SYRIE.

EXPLICATION DES PLANCHES.

PLANCHE I.

CARTE DE LA BASSE ET MOYENNE ÉGYPTE.

La première partie de l'itinéraire de l'armée d'expédition de Syrie, se trouvant dans la basse Egypte, nous avons cru devoir en donner la carte.

En général, l'aspect ou plutôt la Topographie que présente cette carte de la basse-Egypte (Delta), n'est qu'une des phases ordinaires et annuelles de cette curieuse contrée.

La phase présentée ici par la carte est celle où les eaux du Nil coulent à pleins bords dans tous les canaux : c'est vers la fin du mois d'août. A cette époque et depuis le mois de juin, après la moisson, toute l'étendue du Delta n'est qu'une plaine aride et poudreuse : plus tard, en septembre et octobre, les eaux ayant débordé de toute part, c'est un Lac immense parsemé d'Iles et d'Ilots (les villages) et sillonné dans tous les sens de barques légères. Peu après, en novembre, décembre, c'est une vaste surface uniforme, molle, grisâtre et luisante à l'égal de l'acier poli. Bientôt le *Fellach* cheminant sur ce sol nouveau, qui cède sous ses pas, lui confie sans autre préparation, le germe précieux qu'il doit féconder ; et huit jours sont à peine écoulés que cette vaste plaine du Delta, sortie du sein des eaux, se présente soudainement à la vue émerveillée comme la plus belle et la plus agréable des prairies ; puis progressivement devient le plus prodigieux et le plus riche des champs dorés de Cérès !

Telles sont les phases admirables que présente chaque année la topographie de la basse Egypte sous un ciel où l'on ne connaît ni orages, ni pluies, ni gelées.

PLANCHE II.

PLAN DE KATHIÉH ET DE SES ENVIRONS;

Dressé par le chef de bataillon du génie Michaux, qui commandait en l'an viii le fort construit, après l'expédition de Syrie, à l'emplacement de la redoute ou *Kervanseraï* des Arabes. (Voir la relation , page 8.)

Le chemin, ou plutôt la direction indiquée, de *Salahyèh* est celle de *Menzalèh*.

PLANCHE III.

PLAN DU FORT, DU VILLAGE ET DES ENVIRONS D'EL-ARISCH;

Dressé sur les lieux mêmes au moment du siège. (Voir la relation , pages 9 et suivantes.)

PLANCHE IV.

CARTE DE LA SYRIE.

(Voir la relation, page 47 et suivantes.)

PLANCHE V.

PLAN DE JAFFA ET DE SES ENVIRONS ;

Avec indication des travaux du siége, de l'emplacement des batteries et de celui des divisions. (Au surplus voir la relation, page 18 et suivantes.)

PLANCHE VI.

VUE DE JAFFA

Prise à la partie sud de cette place, contre laquelle fut dirigée la principale attaque. A gauche le port et la rade qui étaient défendus par deux fortins. A droite les deux tours bastionnées flanquant le front attaqué : enfin, sur cette partie du pourtour, de l'enceinte, le rempart sans fossé légèrement escarpé à droite.

PLANCHE VII.

PLAN DE SAINT-JEAN-D'ACRE,
de ses environs et des travaux de siége.

A l'angle saillant la grosse tour, point principal d'attaque : à gauche de cette tour la courtine battue en brèche et où se sont donnés les trois derniers assauts : à droite le château ou palais du Pacha.

En avant de cette dernière partie de la place on voit les ruines de l'ancienne enceinte d'Acre de laquelle faisait partie la fameuse Tour, dite *Tour maudite* ou *du Diable* qui avait été construite par le célèbre Ahmed-ebn-Touloun, et avait longtemps résisté aux efforts des croisés.

Akkah est le nom arabe de la ville que nous nommons *Acre*. Cette ville placée sur les confins de la Palestine et de la Phénicie est la plus ancienne des villes de Syrie : son existence est de beaucoup antérieure à celle de Damas, d'Antioche, de Césarée, de Jérusalem et même à l'invasion des Hébreux dans la Palestine sous la conduite de Josué ; l'époque de sa fondation se perd dans la nuit des temps fabuleux et mythologiques.

« Les plus anciens des noms sous lesquels cette ville fut successivement connu est AKO ou ACCO que lui avaient donné les Phéniciens et qui signifiait dans leur langue *étroite, resserrée.* Ce nom semble avoir eu pour origine la situation même de la ville, resserrée en effet dans un angle de la côte formée par le golfe au sud.

« Cette ville éprouva des révolutions nombreuses sous les dominations des Phéniciens, des Grecs, des Romains, des Musulmans et des Croisées auxquels elle doit son nom de *Saint-Jean-d'Acre.*

PLANCHE VIII.

VUE DE SAINT-JEAN-D'ACRE.

A gauche de la gravure se voit le Phare qui est réuni à la ville par une digue, et dont les batteries défendent l'entrée du port.

Voir pour la configuration de l'enceinte le plan même de la place.

PLANCHE IX.

SOLDATS DU RÉGIMENT DES DROMADAIRES.

La création de ce régiment, particulier à l'armée française d'Egypte, a excité dans le temps et à juste titre, la curiosité de l'Europe et l'admiration des peuples de l'Orient. L'uniforme et l'équipement de ces nouveaux *dragons* sont si peu connus que nous avons cru utile d'en donner ici l'esquisse tracée d'après une *aquarelle* que l'ordonnateur en chef DAURE fit faire en Egypte même, et qui appartient aujourd'hui à M. le baron Larrey.

PLANCHE X.

CARTE DE LA HAUTE ÉGYPTE.

Bien que cette partie de l'Egypte n'ait aucun rapport avec la relation de la campagne de Syrie, nous avons cru néanmoins devoir donner cette carte pour compléter la topographie de cette célèbre contrée, devenue particulièrement et à jamais plus célèbre encore pour les Français.

PL. I.

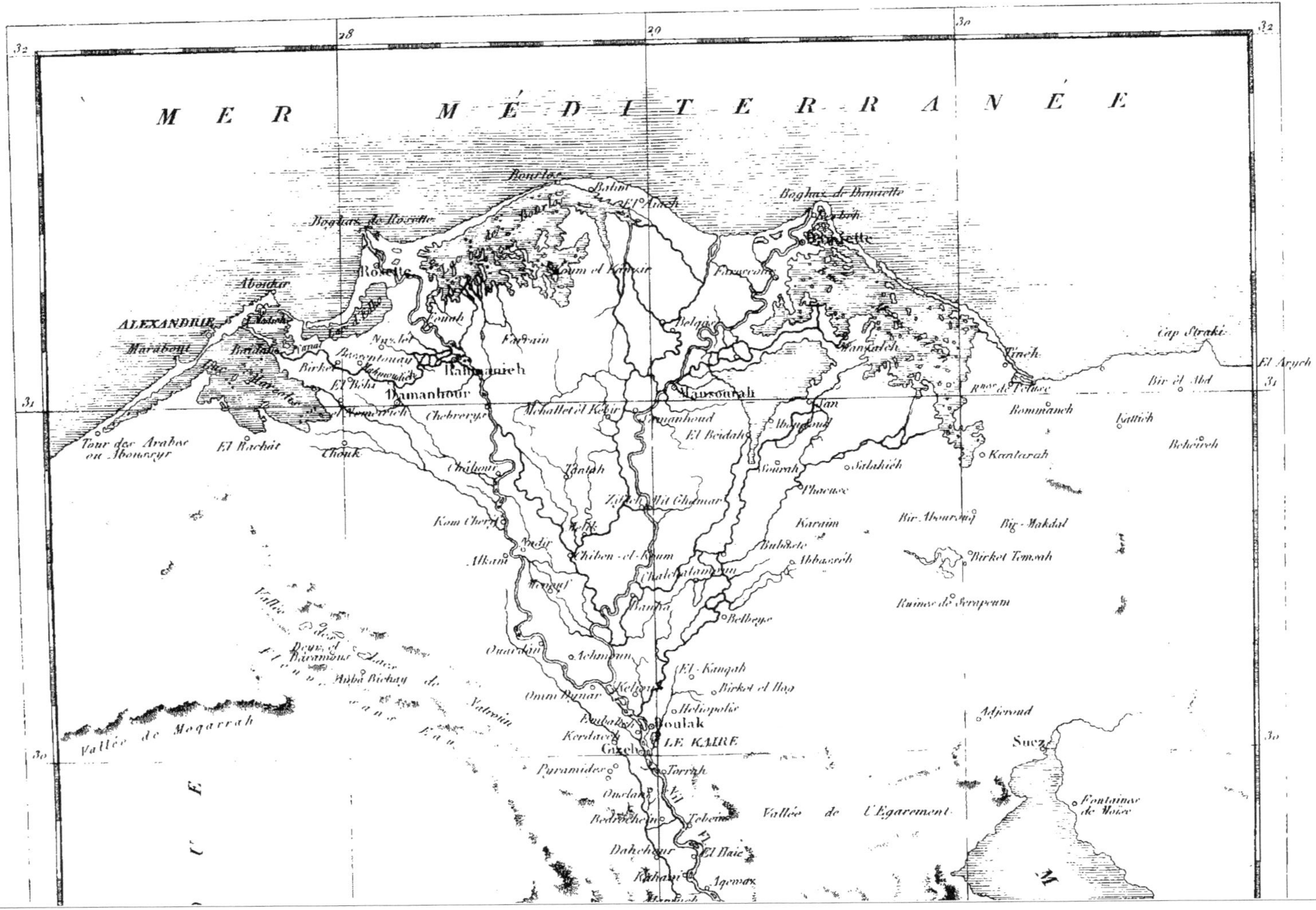

32   28   29   30   32
31   31
30   30

MER MÉDITERRANÉE

Bourlos
Balut
El Arisch
Boghaz de Damiette
Berbeh
Boghas de Rosette
Damiette
Rosette
Oum el Kaysir
Farascour
Aboukir
ALEXANDRIE
Nelch
Belais
Menzaleh
Cap Straki
Marabout
Bedala
Nanci
Fouah
Fadrain
Tineh
El Arych
Birket
Besentouay
Schnouhely
Rahmanieh
Rnse del Peluse
Bir el Abd
El Biha
Damanhour
Mansourah
Rommanch
Kattich
El Memerich
Chebrerys
Mehallet el Kebir
Semanhoud
Tan
Abousouf
El Beidah
Beheireh
Tour des Arabes ou Aboussyr
El Hachat
Chouk
Chibour
Tbatah
Sourah
Salahieh
Kantarah
Kom Chery
Zifteh Mit Ghamar
Phacuse
Karaim
Bir Aboursuq
Big-Makdal
Nadir
Melik
Bulbeste
Atkani
Chibem-el-Koum
Chalchalamoun
Abbassch
Birket Temsah
Mongul
Ramha
Ruines de Serapeum
Vallée des Deux el Bacamous Lacie
Belbeye
Ouardan
Achmoun
Anba Bichay de
El Kanqah
Omm Dynar
Keliou
Birket el Hag
Natroun
Heliopolis
Boubah
Boulak
Adjeroud
Kerdacy
LE KAIRE
Gizeh
Suez
Vallée de Moqarrah
Paramides
Torrah
Ouelah
Vallée de l'Egarement
Fontaines de Moise
Bedrechein
Tebein
Dahchour
El Baic
Rahani
Aqemax
M

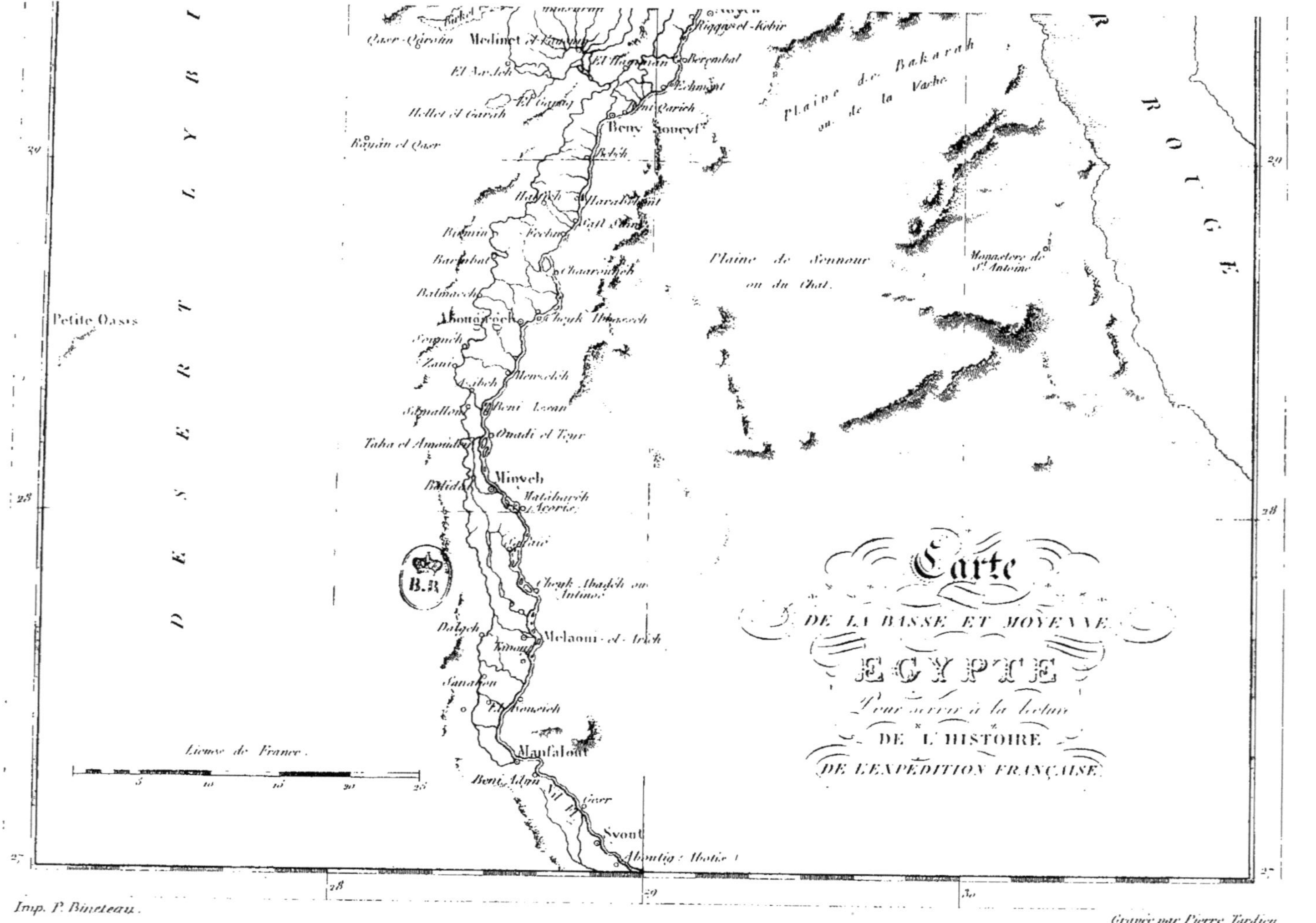

Carte
DE LA BASSE ET MOYENNE
ÉGYPTE
Pour servir à la lecture
DE L'HISTOIRE
DE L'EXPÉDITION FRANÇAISE
DESERT LYBI
MER ROUGE
Petite Oasis
Plaine de Bakarah ou de la Vache
Plaine de Sennour ou du Chat.
Monastère de St Antoine
Qasr-Qgroun
Medinet-el-Faïoun
El Air-Ich
Hellet el Garah
Riqain el Qasr
Turkel
Riggas el-Kebir
El Hagganan
Bersanbal
Sehment
Beni Qarich
Beny Soueyf
Bobch
Hagieh
Marabboumt
Gall Sim
Biamin
Fechum
Barbabat
Chaaronboch
Balmasch
Abougirch
Cheyk Abbaseeh
Senguch
Zauie
Azibch
Menselch
Sigmalloui
Beni Loan
Ouadi el Tour
Taha el Amoudin
Bddida
Minyeh
Matahauch
Acoris
Gallaui
Cheyk Abadch ou Antinoë
Dalgch
Melaoui el Arich
Kimoui
Sanahou
Et Rouseich
Manfalout
Beni Adin
Nil Pt
Qaer
Syout
Aboutig Abotic
Lieues de France.
Imp. P. Bineteau.
Gravée par Pierre Tardieu.

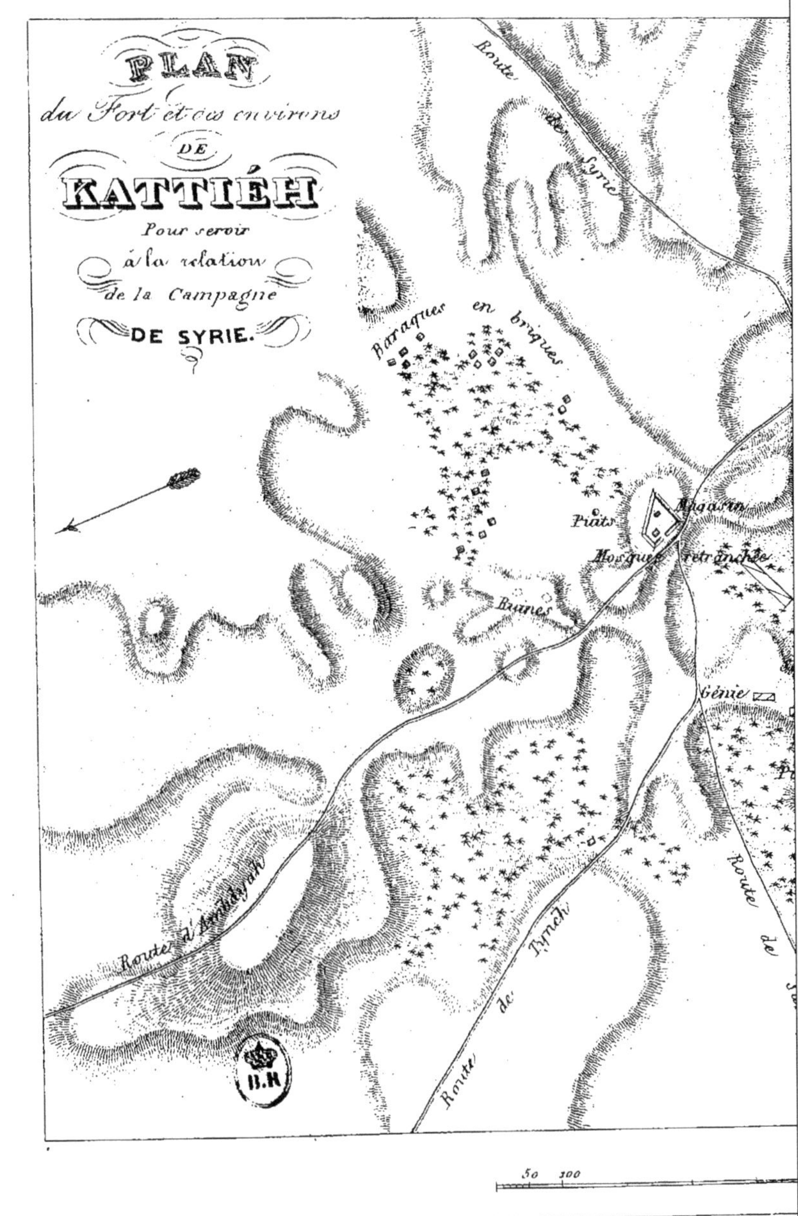

PLAN
du Fort et ses environs
DE
KATTIÉH
Pour servir
à la relation
de la Campagne
DE SYRIE.
Route de Syrie
Baraques en briques
Magazin
Piatt.
Mosquée retranchée
Ruines
Génie
Route de Tyneh
Route d'Ismaïliyah
Route de
B.N
50   100
Le G.al Michaux direx.
Imp. P. B.

J. F. S. Bailly del.

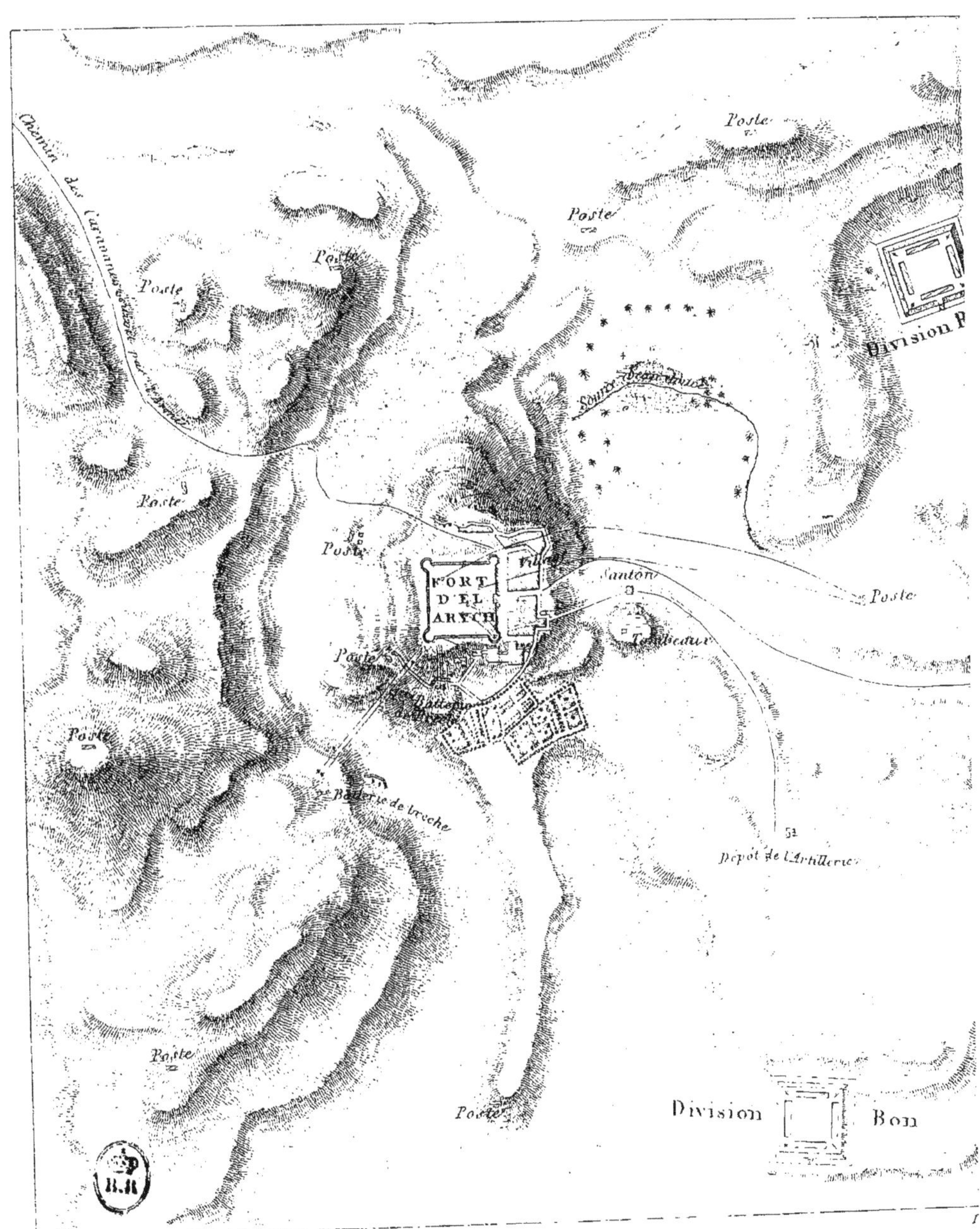

D'après les Matériaux du Dépôt des Fortifications

Pl. III.
PLAN
d'El-Arych
Pour servir
à la relation
de la Campagne
DE SYRIE.
Division Kleber
Quartier Général
Division Lannes
Poste
Poste
Chemin de Syrie
100   50   0   100   200   300   400   500 Mètres
J. F. C. Bailly del.

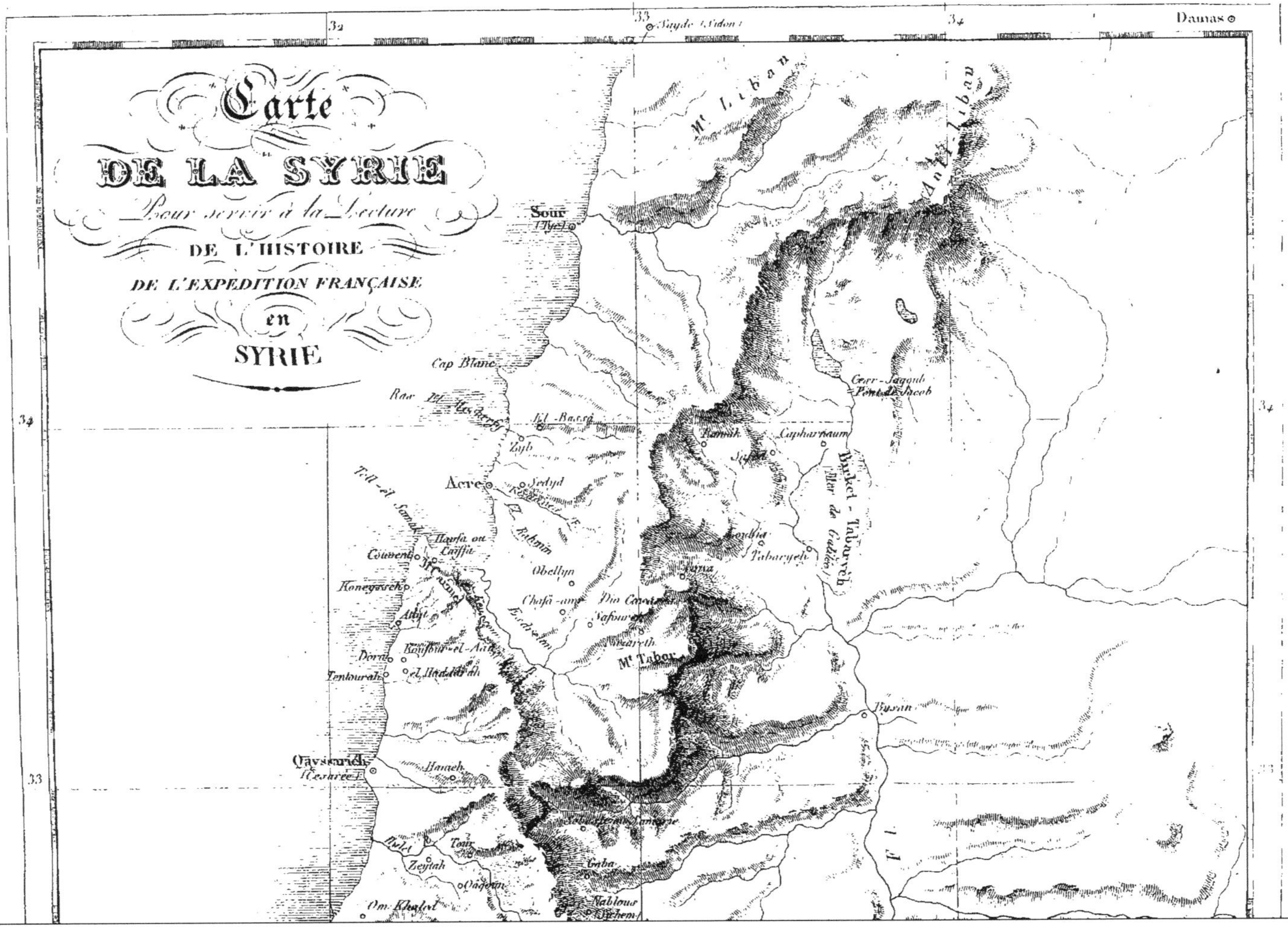

Pl. IV.
Carte
DE LA SYRIE
Pour servir à la Lecture
DE L'HISTOIRE
DE L'EXPÉDITION FRANÇAISE
en
SYRIE
Saïd (Sidon)
Damas
Mt Liban
Anti Liban
Sour (Tyr)
Cap Blanc
Ras el Abiad
El Bassa
Zyb
Acre
Sedyd
Kabrlie
Rahmin
Obellyn
Chafa-amr
Koufour-el-Aat
el Haddeti ah
Sour
Couvent
Honeyvreh
Atlit
Dorra
Tentourah
Qaysariah (Kesaree)
Hanneh
Om Khalet
Oaqem
Zeytah
Tobe
Toir
Bilet
Nablous Sichem
Gaba
Mt Tabor
Nafoura
Dio Cæsar
Nazareth
Eudrelon
Ramleh
Capharnaum
Jifat
Jouhla
Tabaryeh
Birket - Tabaryeh
(Mer de Galilée)
Geesr-Jaqoub
Pont de Jacob
Bysan

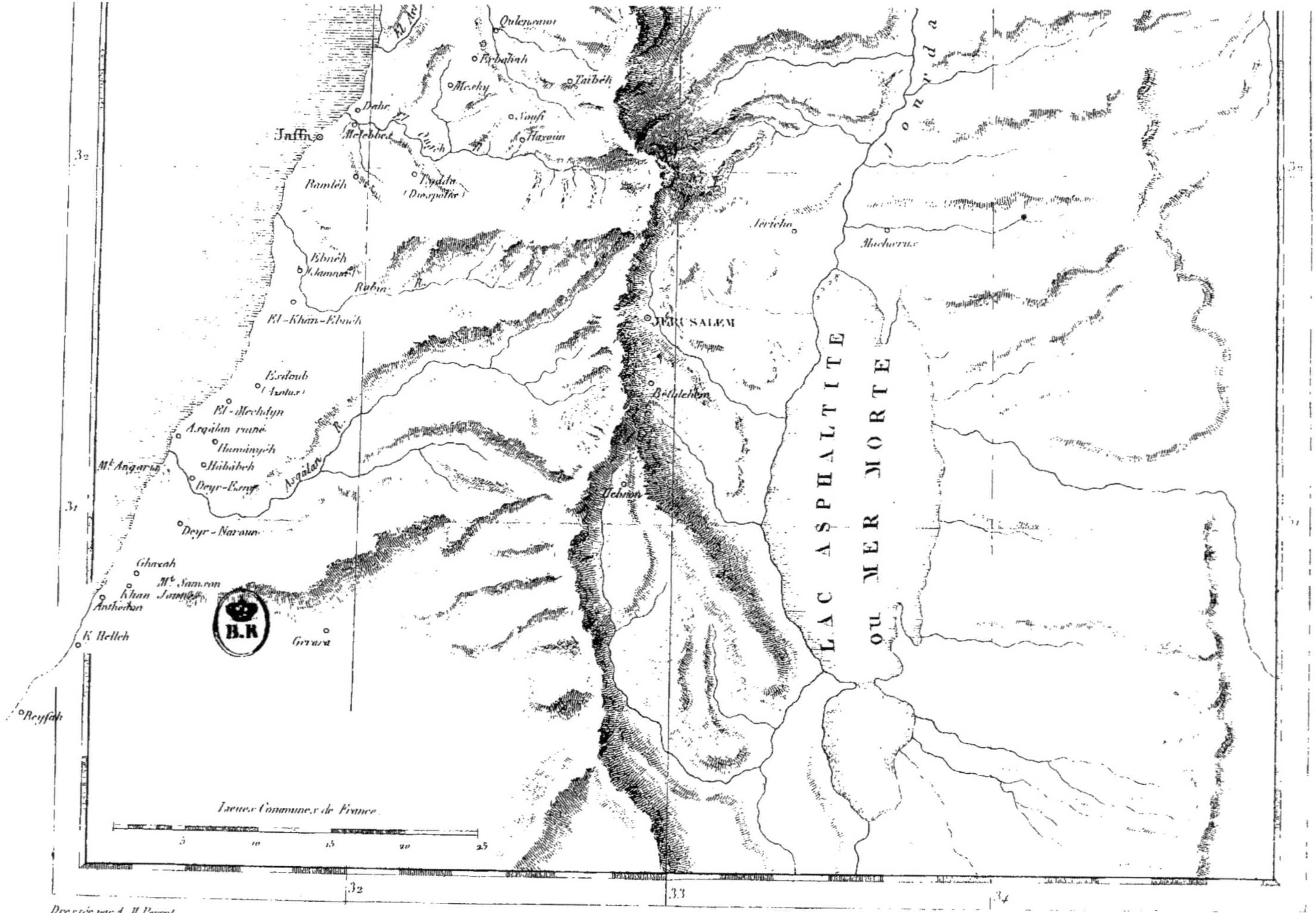

Qulensaua
Erbabah
Taibeh
Meshy
Dahr
El Outeh
Noufi
Haxoin
Jaffa
Melebbes
Ramleh
Lydda
(Diospolis)
Jericho
Macherus
Jourda
Ebneh
(Jamnia)
Rubin R.
El-Khan-Ebneh
JERUSALEM
Esdoud
(Azotus)
El-Mechdyn
Bethlehem
Asqalan ruiné
Haminyeh
Hababeh
Asqalan R.
Mt Angarus
Deyr-Esny
Hebron
LAC ASPHALTITE
OU MER MORTE
Deyr-Naroun
Ghazah
Mt Samson
Khan Jounes
Anthedon
K Helleh
Gerara
Reyfah
Lieues Communes de France
5
10
15
20
25
32
33
34
31

Dressée par A. M. Perrot

Imp. Bineteau.

Gravée par Pierre Tardieu

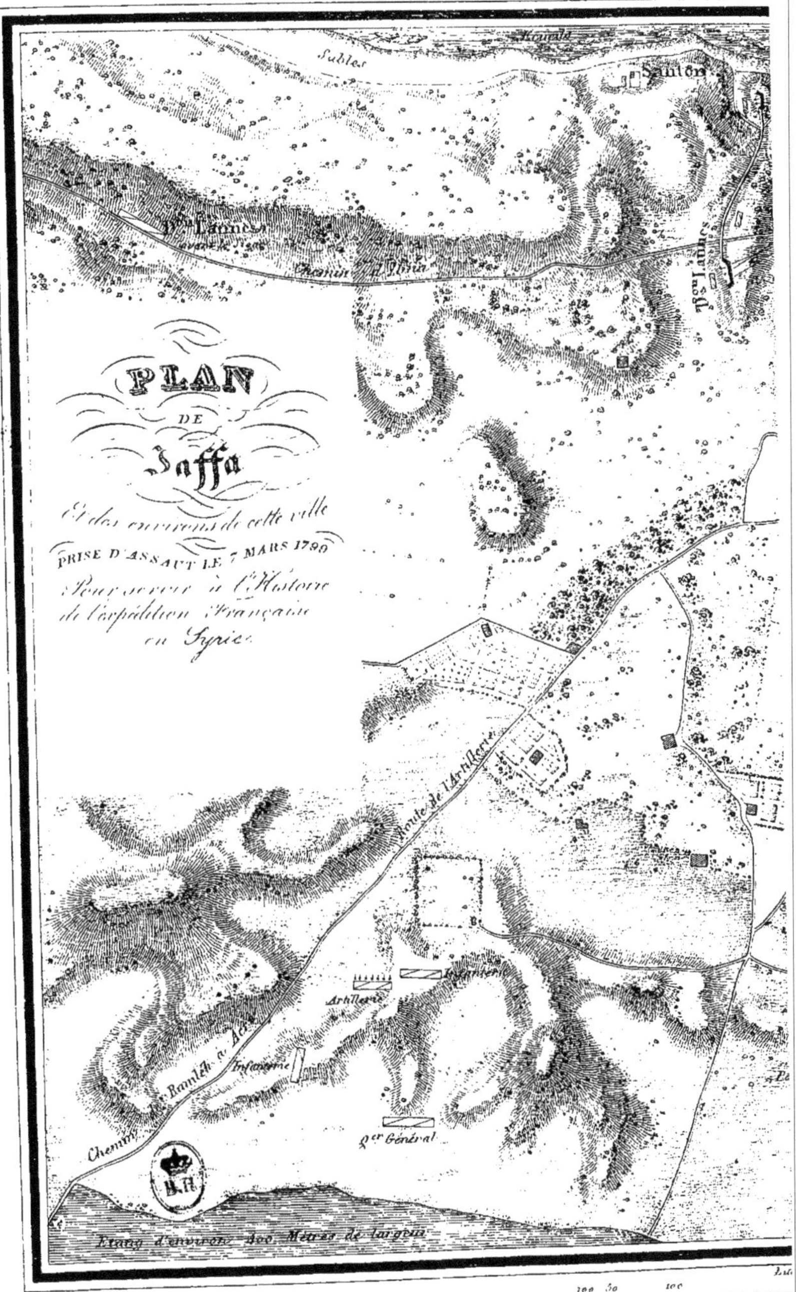

PLAN
DE
Jaffa
Et des environs de cette ville
PRISE D'ASSAUT LE 7 MARS 1799
Pour servir à l'Histoire
de l'expédition Française
en Syrie
Sables
Kaïralé
Saulon
D.on Lannes
Chemin d'Ibna
Route de l'Artillerie
Infanterie
Artillerie
Chemin de Ramleh à...
Infanterie
Q.er Général
Etang d'environ 300 Mètres de largeur
Finache del
100   50   100

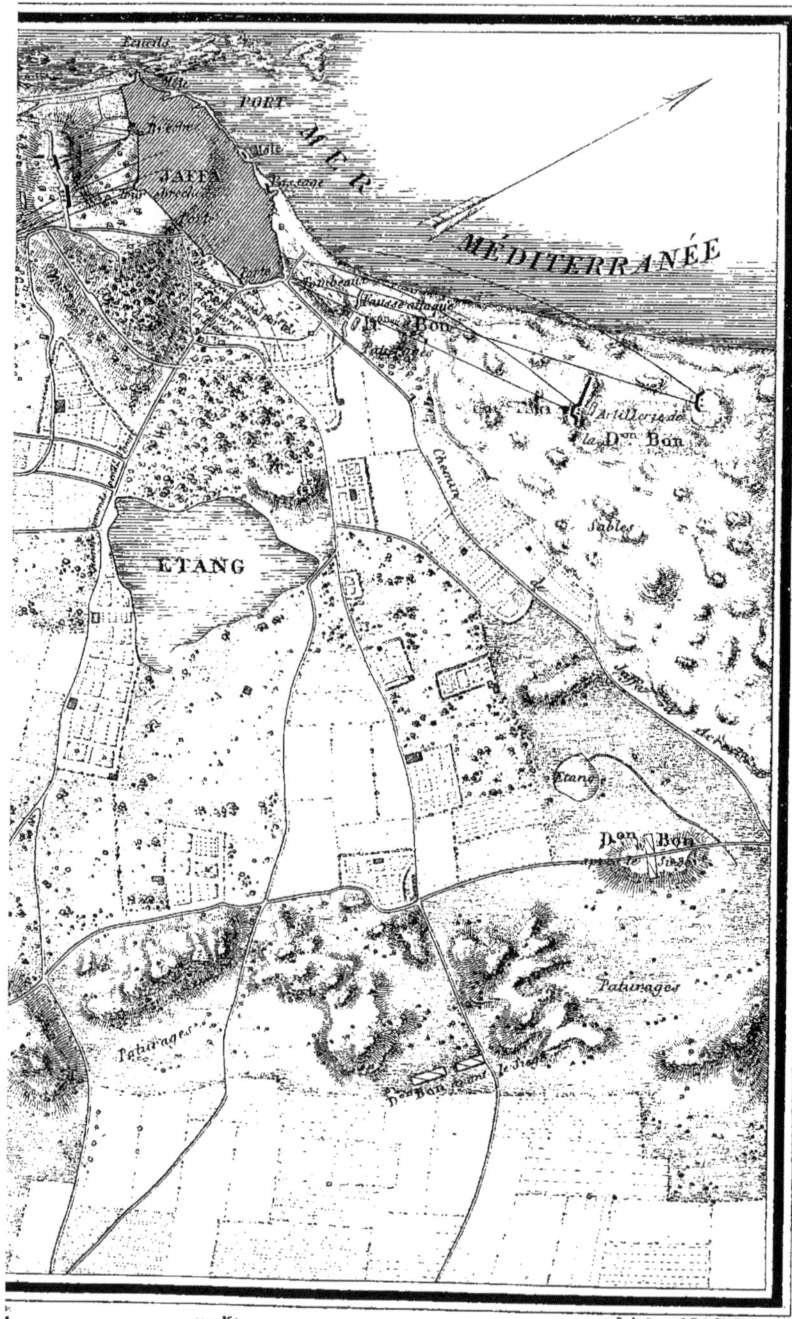
PORT
MER
MÉDITERRANÉE
JAFFA
Batterie
Môle
Môle
Batterie
Flanc
Ambeau
Haute seconde attaque
la D.on Bon
Paradis
Artillerie de
la D.on Bon
Sables
Chemin
Jaffa
Etang
ÉTANG
Don Bon
Paturages
Paturages
Paturages
1000 Mètres
Reduit par J.F.S. Bailly.

Imp. P. B.
VUE DE J

Fouchery sc.

F A. Front d'Attaque.

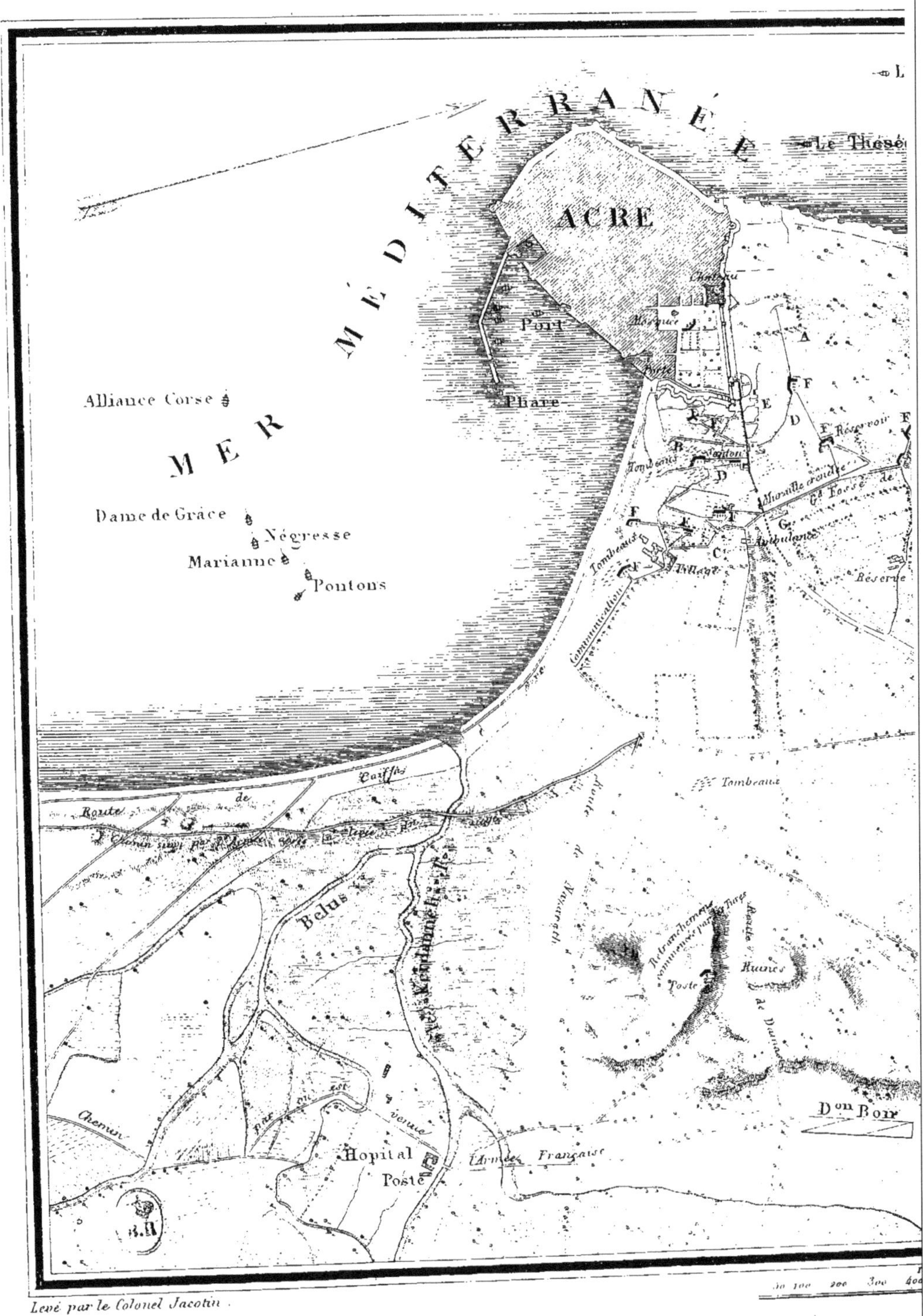
MER MÉDITERRANÉE
ACRE
Le Thésé
L
Alliance Corse
Dame de Grâce
Négresse
Marianne
Pontons
Port
Phare
Mosquée
Château
A
F
E
D
Réservoir
F
B
Redoute
Tombeaux
D
Muraille écroulée
Gd Fossé de
F
L
T
G
Ambulance
C
Tombeaux
Village
Communication
Tombeaux
Route
de
Caiffa
Chemin suivi par l'Armée
Belus
Retranchement
commencés par les Turcs
Poste
Ruines
Don Boir
Chemin
Par où est
l'avenue
de l'Armée Française
Hopital
Poste
Levé par le Colonel Jacotin.

PLAN
DE
St. Jean d'Acre
Au 7. 1799
igereux
La Torride
Les deux Frères
Le Tigre
Tour du Diable
Marais d'Eau douce
Citernes ruinées
Aqueduc souterrain
Mont
Citernes ruinées
ruinée
Débla
Tombeau du Gl Caffarelli
A Côté de la fausse attaque.
B Côté de l'Attaque principale.
C C Première parallèle.
D D 2me Parallèle.
E E 3me Parallèle.
F F Batteries.
G Grande réserve.
Travaux des Français.
Travaux des Turcs.
Don Lannes
Don Reynier
Génie
Mine in au Tigre
Don Kléber
Don Murat
Guides à Qr Gl Pied
Artillerie
Guides à Cheval
Cavalerie
600 700 800 900 1000 Mètres
J.F.S. Bailly. del.

nteau.
Fruchen
AN D'ACRE (Front historique)

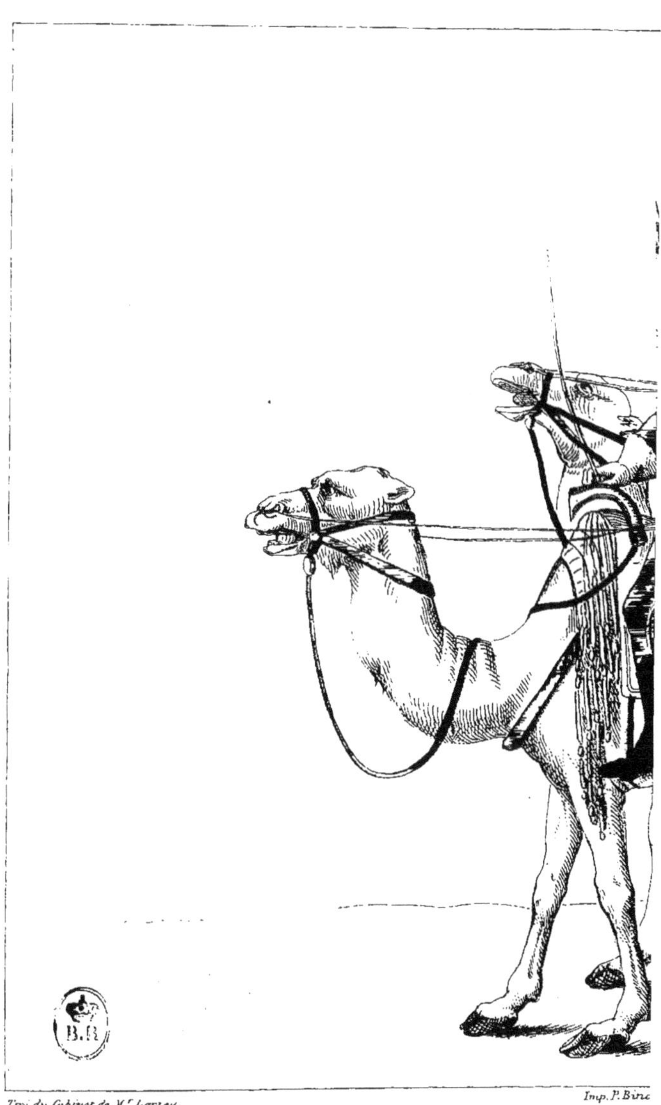

Tiré du Cabinet de M.r Larrey.

Imp. P. Bine

SOLDATS DU RÉG.T

ES DROMADAIRES.

Ladorr Del. et Sculp

PL. X.

MER ROUGE

ARABES ABABDEH

HAUTE ÉGYPTE

Grande Oasis

Sadfèh
Oaou-el-Kébir
Tahtah
Fl. Akhmyn
Monastère-blanc
Menchieh
Fl. GIRGEH
Farchiot
Samhoud
Hou
Denderah
Kench
Bir-el-Bir
Bendonet
Keft ou Coptos
el Adoué
Kous
Daroud
Kournou
Karnag
Louksor
Médynet-Abou
RUINES DE THÈBES
Erment
Kéri
Asfoun
Malleh
Esneh
el Hibeh
El Kab
Edfou
el Khasaieh
Chebaieh
Vieux Qosseyr
Qosseyr
El Quaitah
Mesaïeh el Terfaouy
Kasr-Gebel-Sant
Kasr-Baar-el-Hagar
Khardjeh
Guanah
Bauhie
Dakakin
Berys
Abou-Saïd
Kasr-Raad-Maghs-el-Ghablieh
Ouad-de-la-Chaine
Nagadeh

Carte
DE LA
HAUTE ÉGYPTE
pour servir à la lecture
DE L'HISTOIRE
de l'Expédition française
Lieues de France.
NUBIE
Safahyeh
Koum-Ombos
Kanbanieh el Abou Azis
Éléphantine
Assouan ou Syène
Gebel Baram
Chellal-el-Nil ou Cataractes
Philœ
Tefah
Abdous
Kardaseh
Kalabcheh
Abou-hôr
Abou-hor
Dandour
Dirrh
Kostamné
Maharrakeh
FI
Nasrehal
Songary
Dyman
Thiba
Ibrim
Bostan
Toutkoudy
Ehsambouh
Serrahgharby
Eshkeh
el Faha Source
Ibaulieg
el Chebb-Maa
Imp. Bineteau.
Gravée par Pierre Tardieu